La excursión

por Alison Blank
Ilustrado por Judy Love

Scott Foresman
is an imprint of

PEARSON

Glenview, Illinois • Boston, Massachusetts • Chandler, Arizona
Upper Saddle River, New Jersey

Illustrations

Judith Du Four.

Photographs

Every effort has been made to secure permission and provide appropriate credit for photographic material. The publisher deeply regrets any omission and pledges to correct errors called to its attention in subsequent editions.

Unless otherwise acknowledged, all photographs are the property of Pearson Education, Inc.

12 Alan Keohane/©DK Images.

ISBN 13: 978-0-328-53547-7
ISBN 10:   0-328-53547-8

Copyright © by Pearson Education, Inc., or its affiliates. All rights reserved. Printed in the United States of America. This publication is protected by copyright, and permission should be obtained from the publisher prior to any prohibited reproduction, storage in a retrieval system, or transmission in any form or by any means, electronic, mechanical, photocopying, recording, or likewise. For information regarding permissions, write to Pearson Curriculum Rights & Permissions, One Lake Street, Upper Saddle River, New Jersey 07458.

Pearson® is a trademark, in the U.S. and/or other countries, of Pearson plc or its affiliates.

Scott Foresman® is a trademark, in the U.S. and/or other countries, of Pearson Education, Inc., or its affiliates.

2 3 4 5 6 7 8 9 10 V0N4 13 12 11 10

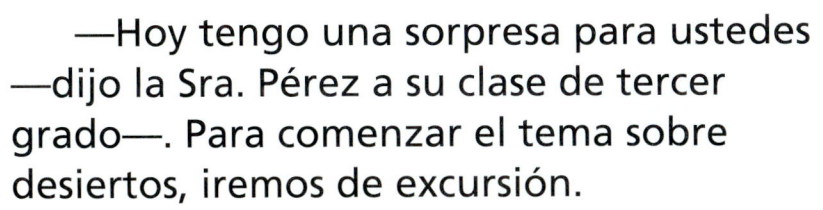

—Hoy tengo una sorpresa para ustedes —dijo la Sra. Pérez a su clase de tercer grado—. Para comenzar el tema sobre desiertos, iremos de excursión.

—¿A dónde? —preguntó Rose mirándola fijamente.

—Piensen en el tema. ¡Vamos al desierto, por supuesto! —respondió la Sra. Pérez.

Todos en la clase se alegraron excepto Matt. Las excursiones podían estar llenas de sorpresas y a Matt no le gustaban.

La semana siguiente, la clase subió a un autobús que se dirigía al Museo del Desierto de Sonora en Arizona.

   —Muchas personas piensan que los desiertos son lugares áridos y secos, pero hay mucho más en el desierto de lo que podemos ver a simple vista —dijo la Sra. Pérez, mientras todos se acomodaban en sus asientos—. Iremos en busca de la verdad.

   Una hora después de salir de la escuela, el autobús se detuvo. Matt leyó el letrero en la entrada: "Bienvenidos al Museo del Desierto".

   Mientras los niños bajaban del autobús, la Sra. Pérez les indicó que se formaran cerca de la entrada.

El cielo estaba azul y el sol caía sobre ellos. Matt se alegraba de haber usado protector solar.

Antes de iniciar el recorrido, la Sra. Pérez anunció: —Realizarán un informe sobre los desiertos. Deben entregarlo el próximo viernes, así que no olviden tomar notas.

—¡Ay no! —dijo Matt aterrorizado—. ¡Dejé mi lápiz en el autobús! Ahora regreso, Sonia —dijo Matt mientras comenzaba a correr de regreso. Desafortunadamente, Sonia no lo escuchó.

Finalmente, Matt regresó con su lápiz, su cuaderno y una cantimplora de agua que había traído por si le daba sed. También tenía un bocadito y un sombrero para protegerse del sol. De repente, se dio cuenta que algo no estaba bien. "¡Oh!, ¿dónde están todos? Es como si se hubieran vuelto invisibles."

Un guardia que parecía amigable le respondió a Matt. —Creo que tu clase inició su recorrido hace unos minutos —dijo.

Matt sintió que sus ojos comenzaban a irritarse como cuando estaba a punto de llorar.

—No te preocupes. Sucede todo el tiempo. Sólo toma asiento en un banco por allá. Estoy seguro de que tu maestra se dará cuenta del error y comenzará a buscarte muy pronto.

"Esto es terrible," pensó Matt. "Sabía que algo así pasaría."

Sentado en el banco, pateaba arena con los pies. Sintió calor. "Por favor, nada podría vivir aquí", pensó. "Esto está arenoso y rocoso." De repente, ¡algo se movió bajo de él! Unas lagartijas del color de la arena se deslizaron rápidamente hacia otro escondite. "¡Increíble! Espero que no sean venenosas", pensó Matt. Se habían ido antes de que él se diera cuenta. Matt agarró su cuaderno y describió la lagartija.

Matt se puso el sombrero. Miró alrededor y observó la escena. Un cacto majestuoso y noble se erguía en el camino.

Matt miró con asombro un orificio en medio del cacto. En el interior, ¡algo lo observaba! Tenía unos ojos grandes. ¿Era eso un búho? Matt lo anotó en su cuaderno.

Comenzaba a sentirse un poco más fresco. Matt sacó una manzana y le dio una gran mordida. Se dio cuenta entonces de que había algo moviéndose cerca. Era un conejo con orejas muy largas. Masticaba un cacto que parecía sorprendentemente jugoso.

Antes de que Matt alcanzara su cuaderno, la Sra. Pérez lo estrechaba entre sus brazos.

—¡Gracias a Dios que te encontramos! —dijo—. Espero que no te hayas aburrido demasiado.

—Para nada —dijo Matt mientras tomaba algunas notas acerca del conejo.

Matt trabajó en su informe durante toda la semana siguiente. Aunque no había estado en el recorrido entero del museo, estaba sorprendido con todas las notas que había tomado.

Al viernes siguiente, Matt presentó su informe. —El desierto es un lugar sorprendente —comenzó—. Pueden pensar que es seco y solitario, pero no es así. Los animales y plantas que viven ahí se han adaptado al calor y falta de agua. Son nobles sobrevivientes.

Cuando terminó, la clase lo aplaudió.

Entonces, la Sra. Pérez dijo: —Cuando terminemos de presentar nuestros informes, vamos a leer acerca de otros desiertos alrededor del mundo. Después, nuestra siguiente unidad será el Ártico.

Matt levantó la mano. —Sra. Pérez, ¿podemos ir allá de excursión?

11

El desierto de Sonora

El desierto de Sonora en Arizona y California es un lugar muy interesante. Ahí viven animales tales como lagartijas, serpientes y liebres grandes. También hay muchas plantas como el alto cacto saguaro.

Los desiertos son lugares donde llueve muy, muy poco, pero en el desierto de Sonora hay más lluvia que en la mayoría de los desiertos. Los animales y plantas que viven ahí se han adaptado al calor y la falta de agua. Se ocultan en la sombra durante el día. Salen cuando se enfría por la noche. Comen cactos y otras plantas que absorben el agua de la lluvia. Las condiciones en el desierto pueden ser duras. Sin embargo, para estos animales y plantas el desierto es un hogar.